Les petites histoires de Lulu Vroumette

Les Craies de la Maîtresse

D'après l'œuvre originale de Daniel Picouly et Frédéric Pillot

Scénario : Fabienne Gambrelle
Storyboard : Dorothée Robert

MONDO TV FRAN
W0360960

Magnard Jeunesse

Lulu Vroumette et ses amis jouent au ballon devant l'école.
Lulu fait une passe à Rien-ne-sert,
qui fait une passe à Rebelotte… qui rate le ballon.

– Je l’ai ! hurle Blaise.
Pas si sûr ! Le blaireau tape un peu trop fort…
et le ballon atterrit dans la classe. Patatrac !

La maîtresse surgit par la fenêtre.
– À qui est ce ballon ?
– Heu… à moi, répond Rebelotte.
Mais ce n'est pas moi qui l'ai envoyé.
– Alors qui ? Personne ne se dénonce ?
Tant pis. Rebelotte, tu seras puni !
Tu vas m'aider à ramasser
toutes les craies que le ballon a cassées.

Blaise n'a pas osé se dénoncer.
Pire encore : il a pris la poudre
d'escampette…

Ses amis partent à sa recherche.
Près de l'étang : rien. Près du vieux moulin : rien et rien.
À l'orée du petit bois : rien, trois fois !

Au carrefour des 1001 chemins, les amis font le point.
Il faut se rendre à l'évidence : Blaise a disparu !
Belotte la belette et Frou-Frou la chouette décident d'aller voir au vieux cerisier, seul endroit encore inexploré.

Quant à Lulu, elle a une idée
derrière les couettes…
– Suivez-moi ! Nous allons chercher
de la craie pour remplacer celle
que le ballon a mis en miettes !
– De la craie ? s'étonne Rien-ne-sert,
mais ça ne pousse pas dans les arbres,
tu sais ?
– Oui, je sais ! La craie est une roche.
Et il y en a dans le petit bois !

Dans le petit bois ? C'est justement là que Blaise a trouvé refuge.
Il ne sait vraiment pas comment réparer sa bêtise.

Chante-faux le rossignol l'aperçoit et vole à sa rencontre.
L'oiseau lui conseille de se rendre à l'arbre creux
pour s'éclaircir les idées.

Le temps passe et, de craie, toujours pas de trace…
– J'ai froid ! dit Ni-Oui.
– Moi aussi, j'ai froid, dit Lulu. Mais on ne peut pas baisser les bras.

– Écoutez ! s'écrie soudain Rien-ne-sert.
Je reconnais cette voix ! C'est Blaise !

Rien-ne-sert s'approche de l'arbre creux à pas de loup
et prend une grosse voix :
– Blaise ! Tu oublies que tu n'as pas avoué ta faute
et qu'un innocent est puni à ta place…

Le lièvre est si terrifiant avec sa grosse voix
que Blaise prend de nouveau la fuite.
Il court et court sans se retourner ni même entendre ses amis.
– Blaise ! Blaise ! Attends-nous !

Enfin, à bout de souffle et effrayé,
Blaise se cache sous un tas
de feuilles mortes.
– Blaise, sors de là ! rouspète Lulu.
– Tu t'es sauvé comme un lapin…
heu… je veux dire comme un blaireau,
ajoute Rien-ne-sert.
– Et à cause de toi, Rebelotte est puni,
dit Ni-Oui.

–Vous avez raison.
Je vais tout de suite
aller me dénoncer !
Quand je pense
à ce pauvre Rebelotte…

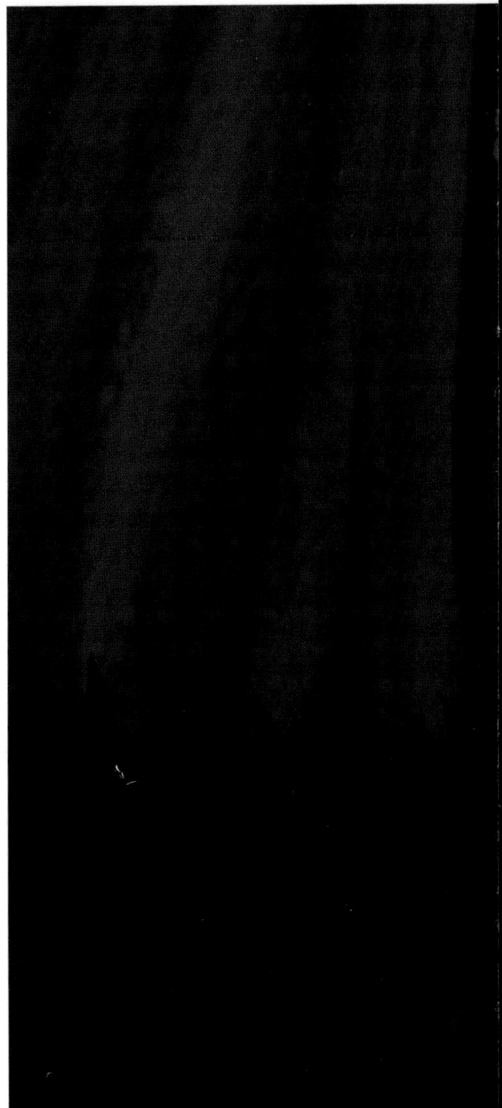

Lulu remarque alors la pierre blanche sous les pieds du blaireau.

– Eh ! Mais, c'est de la craie ! Blaise, tu as trouvé de la craie !
On va tous en apporter à la maîtresse et la bêtise sera pardonnée…

Lulu et Rien-ne-sert prennent le chemin de l'école.
Blaise est parti devant, pressé de réparer sa faute.

Ni-Oui, quant à lui, trottine gentiment.
Soudain, il remarque une pierre sombre
sur laquelle la craie écrit très bien.
Le petit hérisson décide d'en prendre quelques morceaux…

À l'école, Blaise, tout penaud, avoue :
– C'est de ma faute. Rebelotte n'a rien fait.

La maîtresse lui demande de s'expliquer.
– C'est moi qui ai tiré dans le ballon !
C'est à cause de moi que les craies sont cassées…

Surgissent alors Lulu, Rien-ne-sert et Ni-Oui.
– On jouait tous au ballon, on est tous responsables.
Pour se faire pardonner, on vous a apporté ça…

– Bravo, les enfants ! Vous avez trouvé les deux pierres préférées des maîtresses ! La craie et… l'ardoise !
C'est avec ça que l'on faisait les tableaux noirs quand j'étais petite.

Blaise lève le doigt et demande timidement à la maîtresse :
– Vous allez me punir ?
– Bien sûr. Tu vas me faire un beau dessin sur le tableau avec une craie.

Blaise se met à dessiner.
–Wouaaaaah ! Bravo Blaise ! applaudissent ses amis.
– C'est très joli ! dit la maîtresse émue.

FIN

As-tu lu les Lulu ?

Dans la même collection,
d'après la série animée produite par Mondo TV France :

Mystère et Carapace

La Constellation du Hérisson

L'Œuf de Lulu

Retrouve tout l'univers de Lulu sur :
www.lulu-magnard.fr

Les albums de Daniel Picouly et Frédéric Pillot

Lulu Vroumette

L'arche de Lulu

Lulu et le loup bleu

Lulu et le sapin orphelin

Lulu a un amoureux

La maîtresse de Lulu a disparu

Le cirque de Lulu

Lulu, présidente !

Lulu et la cigogne étourdie

Lulu et l'ours pyjama

Lulu princesse

Lulu et le dernier des dodos

Lulu grand chef

Les recettes de Lulu la gourmande

Et aussi…

La méthode de lecture et ses cahiers d'activités

Je lis avec Lulu, méthode de lecture pour la maison

Cahiers d'écriture et de lecture : GS, CP, CE1

MONDO TV FRANCE

avec la participation de la région Wallonne.

D'après la collection de Daniel Picouly et Frédéric Pillot aux Éditions Magnard. TDR.

Scénario : Fabienne Gambrelle – Storyboard : Dorothée Robert

www.magnard.fr

Loi n° 49-956 du 16-07-1949 sur les publications destinées à la jeunesse.

Dépôt légal : février 2011 - N° éditeur : 2011/106

N°ISBN : 978-2-210-98223-9

Photogravure : Couleurs d'image

Achevé d'imprimer en février 2011 par Pollina - L56229